DESCUBRIENDO EL MÁGICO MUNDO DE

FRANCISCO
DE
GOYA

Textos de Maria J. Jordà

OCEANO Travesía

Derechos exclusivos en lengua española: © Editorial Océano S.L. | Editor de Océano Travesía: Daniel Goldin | www.oceano.com | D.R. © Editorial Océano de México, S.A. de C.V. | www.oceano.mx | Primera edición, 2012 | ISBN: 978-84-494-4263-6 (Océano España) | ISBN: 978-607-400-274-4 (Océano México) | Depósito legal: B-15963-LV | Quedan rigurosamente prohibidas, sin la autorización escrita del editor, bajo las sanciones establecidas por las leyes, la reproducción parcial o total de esta obra por cualquier medio o procedimiento, comprendidos la reprografía y el tratamiento informático | *Impreso en España / Printed in Spain*

FRANCISCO DE GOYA

Hola, soy Francisco de Goya Lucientes. ¿Sabías que fui el pintor del Rey en la Corte de Madrid durante más de 30 años? Quizás conoces alguno de los muchos retratos que pinté. Han pasado más de dos siglos. ¡Qué diferente era el mundo! ¿Te imaginas? En aquel entonces no había siquiera máquinas de fotografiar, ni mucho menos cine. Por ese motivo pinté tantos retratos y registré con mis pinturas la agitada época que me tocó vivir. ¿Te gustaría retroceder 200 años, conocer mi mundo y saber cómo llegué a ser un gran pintor? Pues adelante.

Nací el 30 de marzo de 1746 en un pequeño pueblo de la provincia de Zaragoza llamado Fuendetodos, en el norte de España. Fui el cuarto de seis hermanos. En casa había poco dinero, pero a mi padre no le faltaba trabajo. Se llamaba José y era artesano, pintaba los retablos de las iglesias. Mi madre, Engracia Lucientes, que provenía de una familia de hidalgos pobre y numerosa, siempre estaba ocupada cuidando de nosotros.

Cuando tenía 5 años nos trasladamos a vivir a Zaragoza. La ciudad me encantó pero echaba de menos correr por el campo. Yo era muy inquieto. Me gustaba aprender y por eso me alegré tanto cuando me enviaron a la escuela. Se trataba de un colegio religioso

FUENDETODOS

MADRID

llamado los Escolapios. Allí conocí al que sería mi gran amigo durante toda la vida, Martín Zapater. Enseguida me interesé por el dibujo, era la materia que más me gustaba. Al cumplir los 13 años mis padres aceptaron que ingresara como aprendiz en el taller del pintor José Martínez Luzán, un amigo de la familia. Yo estaba muy ilusionado. Durante 4 años me enseñó técnicas y estilos propios de la época, como el barroco. Cada vez me gustaba más aquel oficio pero progresaba muy lentamente.

Me marché a Madrid para asistir a las clases del pintor Francisco Bayeu, uno de los más prestigiosos de aquel momento. Aprendí mucho con él. Pero a él no le bastaba que yo

aprendiera sólo de verlo pintar a él y me animó a estudiar las obras de los grandes maestros flamencos e italianos: Rubens, Rafael...

Me presenté dos veces a un concurso de pintura cuyo premio era un viaje a Italia pero el jurado no me concedió ningún voto. Como yo era muy testarudo, no me desanimé: si no me concedían la beca me pagaría el viaje con mis ahorros. Me parecía más importante conocer aquellos pintores y aprender sus técnicas que llenar la barriga... debía mejorar mi estilo.

Lo logré. Visité muchas ciudades: Roma, Venecia, Bolonia, Parma... ¡Fue fascinante! Había descubierto un nuevo mundo dentro del arte. En una libreta anotaba todo lo que aprendía: la llamé el cuaderno italiano. ¡Cómo disfruté aquel viaje!

En 1771 regresé a España con mi cuaderno en la maleta y muchas ganas de pintar, experimentar y poner en práctica lo que había aprendido. Recibí mi primer encargo: unas pinturas religiosas para la bóveda de la Basílica del Pilar, en Zaragoza. Me entusiasmó trabajar en obras de

gran tamaño. Mi estilo era académico pero mi pintura gustaba. Dos años más tarde ya era el pintor más valorado de Zaragoza.

El 25 de julio de 1773 me casé con Josefa Bayeu, hermana del reconocido pintor Francisco Bayeu, y al año siguiente nació mi primer hijo.

En 1775 me mandaron llamar de la corte de Madrid para trabajar como pintor de cartones de tapices. ¡Vaya sorpresa! No era un gran trabajo pero representaba un empujón a mi carrera como pintor. Al poco tiempo, gracias a mi esfuerzo y ambición, me convertí en el pintor más prestigioso de mi época... aunque debo confesar que jamás imaginé que 200 años más tarde mis cuadros se pudieran admirar en museos de todo el mundo. ¡Qué grata sorpresa!

Sigue leyendo, conocerás mis cuadros y te contaré un montón de historias y anécdotas sobre mi vida.

EL QUITASOL
(1776-1778)

Óleo sobre lienzo, 104 x 152 cm.
Museo Nacional del Prado, Madrid (España).

Tenía 28 años cuando llegué a Madrid, cargado de ilusiones y ambición. La capital española vivía un gran esplendor artístico, ya que el nuevo rey Carlos III había impulsado su renovación construyendo lujosos palacios, amplias avenidas, monumentos, museos, y organizando pomposas fiestas y conciertos.

Yo estaba emocionado... Había conseguido un puesto de trabajo en la Real Academia de Tapices. No, no creas que me puse a tejer y bordar. Mi tarea allí consistía en pintar lienzos que después los tejedores convertían en tapices. Era para mí un gran honor ver mis pequeñas pinturas convertidas en unos tapices de hasta 4 metros de ancho, colgando en aquellos enormes muros palaciegos. No recibía una gran paga por este trabajo pero en cambio podía relacionarme con la realeza y ascender socialmente.

AHORA OBSERVA Y BUSCA...

? Mis primeros encargos fueron para el príncipe Carlos IV y su mujer, Maria Luisa de Parma. Los temas predilectos de la princesa eran los entretenimientos populares en los que ella, por su posición, no podía participar. Yo también prefería pintar escenas cotidianas del pueblo, como la que observas en esta imagen.

? ¿QUÉ ESTÁN HACIENDO ESTOS DOS PERSONAJES?
¿Te parece que pertenecen a la misma clase social?
La joven, rica y elegante, descansa sentada en el suelo bajo la sombra de un quitasol que sostiene un humilde joven.

? ¿CUÁNTOS AÑOS CREES QUE TIENE ESTA CHICA? Es muy joven, y sin embargo en esa época estaba en edad de casarse. Las mujeres se consideraban casaderas a partir de los 15 ó 16 años.

? La finalidad de estos tapices, aparte de decorarlos, era proteger del frío y la humedad los grandes muros de los palacios.

CURIOSIDADES

Goya realizó 62 tapices repartidos en cuatro series. El Quitasol forma parte de la segunda serie, ejecutada entre 1776 y 1778. Los temas tradicionales de los tapices eran siempre sobre la mitología clásica o sobre la historia romana. Goya rompió esa tradición y propuso escenas cotidianas, alegres y despreocupadas, de la vida española.

CARLOS III, EN TRAJE DE CAZADOR
(1786-1788)

Óleo sobre tela, 210 x 127 cm.
Museo Nacional del Prado, Madrid (España).

Llevaba varios años confeccionando tapices, siguiendo los estilos que imponía la época: el Rococó y el Neoclasicismo. Aquel trabajo me gustaba, pero no me satisfacía. Yo deseaba desprenderme de aquellos estilos y normas impuestas y encontrar mi propia manera de pintar.

Gracias a mis contactos con la alta sociedad madrileña, empecé a recibir encargos. En poco tiempo me convertí en el retratista de moda de la ciudad: gordos, flacos, guapos, feos, niños, adultos... todos querían ser inmortalizados por mis pinceles. En 1786 me nombraron pintor del Rey. Me sentía feliz. Con este reconocimiento gané confianza y seguridad en mi pintura.

AHORA OBSERVA Y BUSCA...

Monumento a Carlos III en la Puerta del Sol de Madrid

(?) ¿SABES QUIÉN FUE CARLOS III? Hijo de Felipe V de Borbón, gobernó España hasta 1788. Fue un gran impulsor del arte y la cultura, creando universidades, palacios y museos. Llevó a cabo una serie de reformas sociales, políticas y económicas que modernizaron el país.

(?) ¿QUÉ ELEMENTOS LO IDENTIFICAN COMO REY?
La banda y la condecoración: el Toisón de Oro (un cordero). Esta insignia correspondía a una Orden de Caballería, compuesta por 51 miembros, todos de la realeza.

(?) FÍJATE EN SU INDUMENTARIA.
¿Te diste cuenta de que la caza era su pasatiempo favorito? Yo también era un gran aficionado y alguna vez habíamos salido juntos de cacería.

(?) ¿CÓMO DEFINIRÍAS LA EXPRESIÓN DE SU ROSTRO?
Yo lo percibía como alguien bondadoso e inteligente. ¿Crees que conseguí darle esa imagen?

CURIOSIDADES

Goya era de estatura mediana. Tenía cabello oscuro, rostro regordete y grandes ojos negros. Pese a que había asistido poco a la escuela tenía una cultura notable y hablaba con mucha gracia. Tal vez por eso, y por su carácter sensible y extrovertido, fue acogido con simpatía por la aristocracia madrileña.

LA VENDIMIA O EL OTOÑO
(1786)

Óleo sobre lienzo, 275 x 190 cm.
Museo Nacional del Prado, Madrid (España).

Al entrar por las puertas de palacio y contemplar las grandes colecciones de pintura española que colgaban de sus paredes, quedé deslumbrado por la obra de Velázquez. Junto con Rembrandt se convirtieron desde ese momento en mis mejores maestros.

Rembrandt, 1630

Velázquez, 1645

A menudo recibía encargos religiosos, la mayoría eran lienzos para decorar iglesias y monasterios. Me gustaba encarar esos proyectos, aunque no siempre me concedían la libertad creativa que yo deseaba: contribuían a aumentar mi fama y, por supuesto, mis ingresos.

AHORA OBSERVA Y BUSCA...

(?) Este cuadro forma parte de una serie de tapices que ilustran las cuatro estaciones, destinada a decorar el comedor de los príncipes.

(?) ¿A QUÉ ESTACIÓN DEL AÑO CORRESPONDE ESTA IMAGEN? Tal vez ya sabías que la recolecta de las uvas o la vendimia se lleva a cabo en otoño.

(?) FÍJATE EN EL AMPLIO ABANICO DE PERSONAJES QUE APARECEN EN EL CUADRO.
Tenemos a un aristócrata ofreciendo a una dama un racimo de uvas mientras un niño intenta atraparlo. Tras ellos, una humilde vendimiadora con un cesto en la cabeza y en el fondo dos trabajadores recogiendo uvas.

(?) Yo pintaba muy rápido la mayor parte de las superficies, pero me encantaba entretenerme en los detalles como los bordados, las hebillas, los encajes y los pliegues de la ropa...

(?) Fíjate en el esquema piramidal de la composición y la luz que recae sobre los protagonistas. Son características del estilo neoclásico de la época.

CURIOSIDADES

Con las primeras rentas obtenidas de su nuevo cargo, Goya se compró un carruaje particular que todo el mundo se paraba a mirar, lo que le producía una gran satisfacción. Pero después de volcarlo dos veces y lastimarse una pierna, Goya prefirió cambiarlo por un carruaje cerrado tradicional llamado "berlina", más seguro y menos ostentoso.

LOS DUQUES DE OSUNA
(1788-1789)

Óleo sobre lienzo, 225 x 174 cm.
Museo Nacional del Prado, Madrid (España).

En 1788 muere Carlos III y su hijo Carlos IV es coronado Rey de España. Yo mantenía muy buena relación con el nuevo soberano, quien pronto me nombró Pintor de Cámara. ¡Qué gran honor! Este título me otorgaba capacidad para pintar a toda la familia Real y a la vez suponía mi triunfo como artista.

Yo era una persona muy sociable y tenía muchos amigos en la ciudad: escritores, arquitectos, políticos, aristócratas... Pero a los que más apreciaba eran los Duques de Osuna. Su palacio se convirtió en mi segunda casa. Ellos supieron apreciar mi arte desde el inicio y se convirtieron en mis protectores. Me encargaron más de 30 cuadros. A través de este lienzo les quise transmitir mi agradecimiento.

AHORA OBSERVA Y BUSCA...

(?) Los protagonistas de este cuadro son los duques de Osuna y sus cuatro hijos: Francisco (de pie), Pedro, Joaquina (junto a su madre) y Josefa Manuela. ¿Te has fijado que aparecen también dos perros?

(?) ¿QUÉ TIENE CADA NIÑO EN SUS MANOS? Me gustaba retratarlos con sus juguetes. ¿Qué sentimiento te transmiten sus caras? Yo quería destacar en ellos sus miradas de dulzura e inocencia. Sentía un gran cariño hacia ellos.

(?) ¿QUÉ COLORES UTILIZO? Mi paleta se llenó de tonos grises, verdes y rosas. Añadí un poco de negro y rojo para la casaca de Don Pedro, personaje que queda iluminado por un rayo de luz que entra en diagonal.

(?) En este cuadro trabajé sobre todo la expresión de las caras y la armonía de los colores. Quería obtener una obra de arte sin lujos ni ostentaciones, que destacara simplemente por la belleza de sus personajes. Creo que lo conseguí.

CURIOSIDADES

Francisco de Goya tuvo 6 hijos pero solo el menor, Javier, sobrevivió. Tal vez por eso siempre mostró un gran interés por los niños. Pintó con gran sensibilidad y delicadeza rostros infantiles cargados de inocencia y fragilidad. Se le conoce también como el primer pintor de la infancia.

EL PELELE
(1791)

Óleo sobre tela, 267 x 160 cm.
Museo Nacional del Prado, Madrid (España).

Retrato de Carlos IV, 1789

Eran tiempos de cambio en Europa. En 1789 estalló la Revolución en Francia: la nobleza perdió sus privilegios y la Iglesia sus posesiones. Empezó una guerra civil bajo el lema "libertad, igualdad y fraternidad". El rey Carlos IV, temeroso de que las ideas de la Revolución francesa entraran en España, procuró silenciar a los pensadores más avanzados, los ilustrados.

Yo tenía 45 años, había triunfado en mi profesión. Pero ¿era suficiente para considerarme un gran artista? Siempre había pintado por encargo y estaba cansado de seguir las normas del estilo neoclásico y las exigencias del cliente. Deseaba romper las reglas y pintar lo que sentía.

AHORA OBSERVA Y BUSCA...

(?) El rey me había encargado una nueva serie de tapices de temas populares y campestres. Fíjate en la tonalidad clara del cuadro: refleja mi optimismo y alegría por el ascenso social y profesional logrado.

(?) ¿QUÉ ESTÁN HACIENDO ESTAS MUJERES? Mantean un pelele (muñeco de trapo). Se trata de una diversión típica del carnaval en varios lugares de España. ¿Sabes por qué lo hacían?

(?) FÍJATE EN LA EXPRESIÓN DE LAS CHICAS. ¿Cómo se sienten? Se ríen, se divierten y se burlan de un objeto que simboliza al hombre. En una sociedad que margina la mujer, esta imagen es posible sólo en carnaval.

(?) ¿QUÉ FORMA GEOMÉTRICA FORMAN LAS CINCO FIGURAS DE LA IMAGEN? Aunque estaba harto de seguir las normas, aquí utilizo de nuevo el esquema piramidal tan usado en el estilo neoclásico pues se trataba de un encargo real.

CURIOSIDADES

Carlos IV, encarga a Goya una nueva serie de tapices (entre ellos El Pelele) para decorar el despacho de su nuevo palacio. El pintor, desmotivado por el trabajo casi artesanal, va alargando su ejecución hasta que el rey lo amenaza con quitarle el sueldo y el empleo.

GRABADOS

Fue entonces cuando una grave enfermedad en 1793 cambió mi vida para siempre. Estuve 4 meses en cama. Los médicos dijeron que se trataba de saturnismo, un mal provocado por una intoxicación de plomo debido a la cantidad de ese metal que contenían las pinturas. Me recuperé, pero quedé completamente sordo. La voz de mis amigos, la música de las fiestas... todo a mi alrededor enmudeció. Era desolador. Ahora sólo podía escuchar lo que pasaba en mi interior. Mi imaginación enloqueció. Atormentado por mis visiones y temores me volví huraño y desconfiado. Me encerré en mi mundo, reflexioné y observé a la gente: su grandeza y sus miserias. Y de estas visiones y reflexiones salieron las 4 series de grabados que realicé a lo largo de mi vida. Recluido en el silencio, sólo pintando me sentía en plenitud.

Goya atendido por el doctor Arrieta, 1820

LOS CAPRICHOS

Compuesta por 80 grabados, se publicó en 1799. A través de estas láminas yo pretendía criticar algunas costumbres de la época, como el fanatismo religioso, la ignorancia, la superstición, la Inquisición... Yo compartía la ideología de los ilustrados o intelectuales, que opinaban que este entorno frenaba el desarrollo del país. En mi deseo de divulgar dicha ideología usé la técnica del grabado, pues me permitía hacer reproducciones fácilmente y llegar así a un público más amplio.

(39) "Asta su abuelo"
(crítica a Manuel de Godoy)

(43) "El sueño de la razón produce monstruos"

Pero estas estampas solo estuvieron a la venta 14 días. Usé la fantasía, la extravagancia y el ridículo... y a muchos no gustó. Me vi obligado a retirarlas y regalárselas al Rey debido a la presión de las personas atacadas, sobre todo clérigos y frailes.

Los Desastres de la Guerra

Compuesta por 85 láminas, que realicé entre los años 1810–20 pero no se publicaron hasta 1863. Horrorizado por la crueldad de la guerra que vivió España entre 1808 y 1813 (la Guerra de la Independencia), quería denunciar las terribles consecuencias que tiene cualquier batalla: fusilamientos, saqueos, heridos, muertos, hambre. Tampoco gustaron a las autoridades.

(19) "Ya no hay tiempo"

(36) "Tampoco"

(14) "Temeridad de Martincho en la Plaza de Madrid"

La Tauromaquia

Compuesta por 33 estampas, pintadas entre 1814–16 y que se publicaron ese mismo año. El tema era políticamente inofensivo: las corridas de toros y su historia en España. Yo era un gran aficionado.

CURIOSIDADES

Después de su enfermedad, Goya empezó a pintar unas obras de pequeño formato que no exigían gran esfuerzo físico ya que se sentía aún muy débil. Utilizó una nueva técnica: el "grabado al aguafuerte y aguatinta". De esta manera podía imprimir varios ejemplares, y al mismo tiempo llegar a un público más amplio.

LOS DISPARATES

Última serie de grabados, compuesta por 22 láminas.
Realizada a partir de 1815, no se publicó hasta 1864.
Es una serie donde destacan la violencia, la soledad
y la crítica del poder.

A través de personajes envejecidos, cuerpos deformes, rostros grotescos, yo quería representar la
decadencia y el caos que reinaban en España.

(13) "Modo de volar"

(18) "Disparate fúnebre"

CURIOSIDADES

La repercusión de Goya en el mundo artístico y en la sociedad en
general fue inmensa. Tras su muerte, su rostro fue impreso en una
serie de billetes de 500 pesetas y sus cuadros han aparecido en
sellos de países de todo el mundo. Sin embargo, hoy en día, Goya
continúa siendo objeto de estudio y de interés; incluso el cine le
ha dedicado varias series y películas.

Después de unos años reanudé mi trabajo de retratista. Mi técnica había evolucionado. Ahora no me interesaba sólo pintar un rostro, sino también los sentimientos que me transmitía y lo que albergaba el personaje.

Me encargaron un desnudo... y vaya reto. Lo titulé "La maja desnuda".

¿Por qué "maja"? Los majos y las majas eran hombres y mujeres de los barrios bajos de Madrid con un peculiar modo de ser y de vestirse. La maja se recogía el pelo con una red y se ajustaba su vestido de vivos colores y amplio escote con la intención de provocar. A menudo las mujeres de la nobleza se vestían con este atuendo intentando gozar de las mismas libertades que las majas.

AHORA OBSERVA Y BUSCA...

(?) **¿HACIA DÓNDE MIRA LA MAJA?** Pues directamente al observador, con una expresión de seguridad y satisfecha de provocar. Era la primera vez que un artista pintaba un desnudo de una mujer del mundo real. Esto provocó un gran escándalo.

(?) **¿SABES QUIÉN ES LA RETRATADA? SU IDENTIDAD SIEMPRE HA LEVANTADO POLÉMICA.** En la época se comentó que podía ser la Duquesa de Alba, con la que yo mantenía una estrecha amistad. Pero yo nunca quise revelar su auténtica identidad.

La maja vestida, 1800-1803

(?) **PINTÉ DOS VERSIONES DE ESTA MAJA:** una desnuda y unos años más tarde otra vestida. En las dos ocasiones retraté el cuerpo entero de una bella mujer recostada en un lecho.

(?) **EN ESPAÑA EN ESA ÉPOCA LOS DESNUDOS ESTABAN PROHIBIDOS POR LA IGLESIA.** Este lienzo fue un encargo de Manuel de Godoy, que era Primer Ministro. Solo un hombre poderoso podía encargar algo prohibido y desafiar a la Iglesia. Pero cuando Godoy perdió el poder me llamaron a juicio por este cuadro.

Manuel de Godoy

CURIOSIDADES

Durante el s.XVIII dos reyes españoles, aconsejados por la Iglesia, estuvieron a punto de quemar todos los cuadros de desnudos que había en sus colecciones. Entre ellos se encontraban obras maestras de Tiziano y Velázquez. En las dos ocasiones fueron salvados por amantes del arte.

LA FAMILIA DE CARLOS IV
(1800)

Óleo sobre tela, 280 x 336 cm.
Museo Nacional del Prado, Madrid (España).

En esa época realicé el encargo religioso más importante y quizás también el más bello de mi carrera: el fresco de San Antonio de la Florida. En 1798 el Rey me ordenó pintar la cúpula de la ermita. ¡Medía 6 metros de diámetro! Y por primera vez en un encargo me concedieron libertad absoluta. El resultado, después de 4 meses de trabajo, fue magnífico. ¡Cómo me divertí!

Y por fin, en octubre de 1799, se hizo realidad mi sueño: me nombraron Primer pintor de cámara. ¡Qué alegría tan grande! Este título me reconocía como el mejor pintor de la corte. Enseguida el Rey me encargó un lienzo de toda la familia real. Aquí lo tenéis: fue la culminación de todos mis retratos.

Mientras, en Europa, la situación política era muy tensa. En 1804 Napoleón se coronó emperador de los franceses y empezó a conquistar nuevos territorios.

AHORA OBSERVA Y BUSCA...

(?) CARLOS IV Y MARIA LUISA DE PARMA TUVIERON 3 HIJOS Y 3 HIJAS.
De izquierda a derecha son: Carlos Maria Isidro, el futuro rey Fernando VII, Maria Isabel bajo el brazo de su madre, Francisco de Paula de la mano de su madre, Carlota Joaquina, la hija mayor, y Maria Luisa Josefina con su hijo en brazos.

(?) EN EL CUADRO HAY UNA FIGURA CON LA CABEZA VUELTA ¿LA VES?
Se trata de una mujer destinada a ser la futura esposa de Fernando VII, aún por decidir.

(?) Con lujosos ropajes de seda, joyas y condecoraciones, deseaba que los personajes se vieran fielmente reflejados. Pero a la vez me interesaba captar a los retratados tal y como eran, sin retoques que los hicieran más agraciados. Por eso no quise disimular la fealdad de la reina ni la expresión ausente del rey, al que solo le interesaba la caza.

(?) La reina, famosa por su vanidad y sus intrigas, es representada en la parte central del cuadro, para acentuar su carácter dominante. Ella gobernaba el país a través del Primer Ministro Godoy.

CURIOSIDADES

Para realizar este cuadro Goya se inspiró en las Meninas de Velázquez, obra realizada 150 años antes que también representa miembros de la Familia Real. Velázquez se representa a sí mismo apoyado en un caballete mientras que Goya lo hace situándose en la penumbra pintando un lienzo.

EL DOS DE MAYO DE 1808
(LA CARGA DE LOS MAMELUCOS)
(1814)

Óleo sobre tela, 266 x 345 cm.
Museo Nacional del Prado, Madrid (España).

Finalmente, en 1807 las tropas francesas entraron en España. Napoleón nombró rey a su hermano José Bonaparte, llamado "Pepe Botella". Yo tenía 62 años y a pesar de mi amistad con el rey y la nobleza, confiaba que los franceses reformaran y modernizaran el país. Pero el 2 de mayo de 1808 se produjo un enfrentamiento entre los soldados franceses y el pueblo español. Empezó la guerra, una cruel y violenta batalla del pueblo contra el ejército: la Guerra de la Independencia.

Yo estaba horrorizado con tanta crueldad. No podía oir los gritos de la gente pero sí ver sus caras llenas de terror. Decidí plasmar todas aquellas atrocidades en una serie de grabados llamada "Los Desastres de la Guerra" y en algún lienzo de gran tamaño, como el que aparece en estas páginas.

Retrato de Napoleón, de Jacques-Louis David, 1812

AHORA OBSERVA Y BUSCA...

(?) ¿DÓNDE, CUÁNDO Y QUIENES ESTÁN LUCHANDO? Madrid, 2 de mayo de 1808. El ejército francés ha llegado a la capital. El pueblo madrileño, mal armado, ataca a unos soldados franceses a caballo.

(?) ¿QUIÉN ESTÁ GANANDO? No hay vencedores ni vencidos. Simplemente quería reflejar la crueldad del hombre en esos enfrentamientos y cómo la guerra convierte a las personas en bestias.

(?) ¿QUÉ SENTIMIENTOS PERCIBES EN LOS ROSTROS DE LOS PERSONAJES? Pues básicamente ira y miedo. A través de esta impactante escena yo quería transmitir mi rabia e indignación ante tanta violencia.

(?) ¿QUÉ FIGURAS ESTÁN EN MOVIMIENTO? La mayoría, hecho que aporta un gran dinamismo al cuadro, convirtiéndolo casi en una escena real.

CURIOSIDADES

Durante la Guerra Civil española (1936-39), este lienzo fue gravemente dañado cuando intentaban trasladarlo a un lugar más seguro. La furgoneta en la que viajaba tuvo un accidente y se rasgó el lienzo en la parte izquierda. Tras la restauración se dejó este espacio pintado en marrón.

EL ENTIERRO DE LA SARDINA
(1812-1819)

Óleo sobre tabla, 46 x 73 cm.
Museo de la Real Academia de San Fernando, Madrid (España).

En 1813 Napoleón es derrotado en Europa. Un año después José Bonaparte abandona Madrid y Fernando VII, hijo de Carlos IV, es nombrado rey. El nuevo monarca restaura el sistema absolutista y vuelve a introducir la Inquisición. Empuja el país a la decadencia: universidades cerradas, escritores y políticos en el exilio...

Fernando VII, Goya (1814)

A toda esta desgracia se sumó la muerte de mi mujer Josefa Bayeu. Yo tenía 68 años y me sentía cansado, solo y triste. Además, mi situación en la Corte era delicada ya que el rey desconfiaba de mí por haber retratado durante la guerra a nobles y militares franceses. Debía ganarme su favor y por eso pinté varios retratos suyos y algún cuadro de costumbres, con mi habitual ironía, como el que ves aquí.

AHORA OBSERVA Y BUSCA...

(?) ¿QUÉ HACEN LOS PERSONAJES DE ESTE CUADRO? Se trata de un baile de máscaras campestre con el que los madrileños despedían el carnaval.

(?) ¿SABES POR QUÉ ESTA FIESTA SE LLAMA "EL ENTIERRO DE LA SARDINA"? El último día de carnaval simboliza el fin del ayuno cuaresmal. Durante la Cuaresma la religión católica prohíbe comer carne. Ésta es substituida por pescado, y en época de posguerra, básicamente por sardinas.

(?) El baile, la fiesta, la risa, la diversión popular son los protagonistas del cuadro. La luz predomina frente a la sombra y la alegría frente al drama.

(?) Aunque parece una imagen alegre, a través de esta representación popular yo quería plasmar mi visión de la España actual. Detrás de las máscaras se esconde el engaño y la maldad. Es una crítica a la política represora de Fernando VII.

CURIOSIDADES

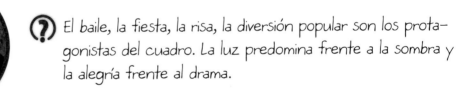

En la primera versión que hizo Goya de este lienzo, las dos mujeres de primera línea llevaban un hábito de monja y en el estandarte aparecía la palabra "Mortus" (muerte en latín). Ante las críticas de la Iglesia, el pintor se apresuró a cambiarlo. No estaba en condiciones de ofender a ningún estamento poderoso: su trabajo y su pensión estaban en juego.

PERRO SEMIHUNDIDO
(1820-1823)

Óleo sobre tela, 134 x 80 cm.
Museo Nacional del Prado, Madrid (España).

Para alejarme del caos que reinaba en la ciudad me compré una casa en las afueras de Madrid en 1819: la llamé "la Quinta del Sordo". Debido a mi sordera, no podía participar de la vida urbana y prefería estar solo. Yo tenía 73 años, viejo pero con muchas ganas de pintar. Mi actividad era frenética. Lástima que volví a enfermar. Estuve muy cerca de morir y de nuevo la enfermedad dejó huella en mis pinturas. Cuando me recuperé pinté mis pesadillas en las paredes de mi nueva casa: 14 imágenes impactantes conocidas como "Las Pinturas Negras". A través de monstruos y seres deformes quería mostrar al mundo el infierno que nos rodea cuando se pudren la nobleza y la dignidad. No eran fruto de la imaginación sino de aquello que se esconde en lo más profundo de la vida real.

AHORA OBSERVA Y BUSCA...

(?) ¿QUÉ VES EN ESTA IMAGEN? Aparece únicamente la cabeza de un perro medio hundido. A través de ella yo quería mostrar mi nueva visión del mundo: está vacío y carece de sentido.

(?) ¿HACIA DÓNDE SE DIRIGE LA MIRADA DEL PERRO?
Se dirige hacia arriba buscando a alguien, necesita ayuda.
Quería transmitir soledad, tristeza, desamparo. Así me sentía yo.

(?) En varias de estas pinturas negras los personajes aparecen con la boca y los ojos muy abiertos, signos de horror y máxima tensión. Representan el temor y la desesperación ante la situación de hambre y de represión que vive el país. La paleta de colores se reduce a ocres, grises y negros.

La romería de San Isidro, Goya (1819 – 1823)

(?) Esta obra supuso mi ruptura definitiva con las normas de cualquier estilo convencional. Sin paisaje, sin perspectiva, es una muestra de extrema libertad pictórica. Ya no tenía que demostrar nada a nadie.

CURIOSIDADES

Goya donó la "Quinta de Sordo" a su hijo Javier en 1823. La existencia de las Pinturas Negras no se dio a conocer hasta el año 1873, cuando el entonces propietario de la casa, un banquero belga, encargó trasladar estas pinturas a lienzo para donarlas al Museo de Prado en 1876. Estos 14 lienzos, a los que Goya no puso título, son probablemente su obra cumbre tanto por su originalidad como su expresividad, y suponen el inicio de la pintura moderna.

LA LECHERA DE BURDEOS
(1825-1827)

Óleo sobre lienzo, 74 x 68 cm.
Museo Nacional del Prado, Madrid (España).

Debido a la situación política, muchos de mis amigos habían huido al exilio. Yo tampoco me sentía seguro en mi casa de Madrid y decidí marcharme a París. Pero antes, para no perder la condición de Primer pintor de Cámara y la pensión correspondiente, pedí un permiso al rey para salir del país.

Llegué a París con 78 años, sordo, viejo, débil, y sin saber una palabra de francés. Pero me sentía feliz, ilusionado y contento de poder viajar y pasear por las monumentales calles de la hermosa ciudad de la luz. Me trasladé a Burdeos, donde viví hasta mi muerte. Nunca dejé de pintar y siempre dispuesto a aprender nuevas técnicas experimenté con la litografía. No aceptaba encargos, pintaba solo lo que me apetecía. Ya tenía mi nombre grabado en la historia.

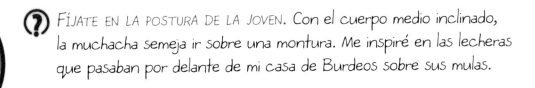

AHORA OBSERVA Y BUSCA...

(?) **¿QUÉ COLOR PREDOMINA EN ESTE LIENZO?** Poco a poco los colores oscuros que abundaban en mi paleta se transforman en tonos azules y rosados... y la tragedia en belleza. Había recuperado el optimismo... ¡me sentía feliz!

(?) **FÍJATE EN LA POSTURA DE LA JOVEN.** Con el cuerpo medio inclinado, la muchacha semeja ir sobre una montura. Me inspiré en las lecheras que pasaban por delante de mi casa de Burdeos sobre sus mulas.

(?) **¿QUÉ SENTIMIENTO TE INSPIRA SU EXPRESIÓN?**
A través de sus perfiles redondeados, yo quería transmitir la dulzura de esta joven lechera que con su delantal y pañoleta pasaba cada día con su cántaro de leche.

(?) **¿CÓMO ES LA PINCELADA?** Suelta, corta y poco definida. Yo era muy mayor y necesitaba de una lupa para pintar. Ya no podía recrearme en los detalles. Y sin saberlo estaba creando las bases de un nuevo estilo: el Impresionismo.

CURIOSIDADES

La Lechera de Burdeos es una de las obras más admiradas de Goya. Se la considera una obra maestra precursora de movimientos artísticos como el Impresionismo y Romanticismo. En ella Goya parece recuperarse del dolor y la amargura coronando con alegría y esplendor toda una vida dedicada al arte.

ESTILOS PICTÓRICOS
DE LA ÉPOCA

◉ BARROCO

Se inicia en Italia en el siglo XVI y perdura hasta finales del siglo XVIII. Se extendió por toda Europa desarrollando características propias en cada país. Lo que más caracteriza a la pintura barroca es el manejo de la luz y la sombra, la intensidad dramática y el empleo del color.

Se desarrollan nuevos géneros como los bodegones, paisajes, retratos, cuadros de costumbres... Existe una tendencia y una búsqueda del realismo.

Las Meninas, de Diego Velázquez (1656)

◉ NEOCLASICISMO

El epítome de la rigidez académica. El arte neoclásico se impuso entre el último cuarto del siglo XVIII y la época napoleónica. Suponía un regreso al estudio de la Antigüedad, tratando de imitar los estilos utilizados en Grecia y Roma. Impone la razón frente a los sentimientos. El color pasa a un segundo plano y adquiere mucha importancia el dibujo. Este nuevo estilo pretendía acabar con los excesos del Barroco o Rococó.

Juramento de los Horacios,
de Jacques-Louis David (1784)

◉ ROMANTICISMO

Es una reacción contra el espíritu racional y crítico de la Ilustración. Representa el deseo de libertad del individuo, de las pasiones, de lo instintivo y sentimental, la imposición del sentimiento sobre la razón.

Prefieren temas exóticos y extravagantes o fantásticos como la superstición, que los neoclásicos tanto ridiculizaban.

ⒸFRESCO

Es una pintura realizada sobre una superficie cubierta con una delgada y suave capa de yeso sobre la cual se va aplicando cal. Cuando la última capa está todavía húmeda, se pinta sobre ella.

Esto hace que al secarse la cal los pigmentos queden integrados químicamente en la propia pared, por lo cual su durabilidad es muy alta. Por contra, la intensidad de los colores se ve atenuada.

Detalle de los frescos de la ermita de San Antonio de la Florida, Goya (1784)

ⒸGRABADO

Es el resultado del trabajo realizado sobre una superficie de madera o metal, llamada plancha, por medio de instrumentos cortantes, punzantes o de ácidos que atacan la superficie metálica.

El resultado es una estampa, generalmente de papel al que se ha trasladado la imagen por medio de tinta al poner en contacto la hoja con la plancha grabada. Existen diferentes

técnicas para grabar las planchas de metal: el aguafuerte, el aguatinta, el grabado a buril, la punta seca y la litografía.

La técnica del aguafuerte consiste en sumergir una plancha metálica y barnizada en una solución de ácido nítrico que ataca el metal. En este caso solo lo consigue en las partes que quedan al descubierto después de hacer el dibujo rascando el barniz.

CURIOSIDADES

Además de toda su obra pública (más de 600 cuadros y grabados), Goya nos dejó una obra privada y personal de gran valor: 9 cuadernos de dibujo repletos de comentarios, apuntes y borradores de sus obras. Catalogados de la A a la H, los dibujos fueron deshojados y vendidos uno a uno. Aunque algunos se han perdido, la mayoría se han recuperado y se exhiben en el Museo del Prado de Madrid.

Experimenta, juega y...

Ahora te toca experimentar. A continuación te propongo algunas actividades relacionadas con mi obra para que te diviertas jugando a ser artista.

▶ Grabados con patatas

Material: témperas o pintura acrílica, pincel, cuchillo, papel o cartulina y patatas.

Parte la patata por la mitad y con ayuda de un cuchillo graba un dibujo en su interior. Vierte pintura sobre un plato y con un pincel pinta la figura resultante en la patata. A continuación presionamos sobre el papel (no olvides que todos los grabados nos quedan invertidos).

También podemos obtener grabados con la ayuda de otros materiales: monedas, hojas secas o llaves.

▶ Pinturas negras

Material: Cartulina blanca, pincel y alimentos como café, chocolate deshecho, remolacha, etc.

Siguiendo el ejemplo de mis "Pinturas negras" te propongo reproducir la que más te guste a partir de alimentos y productos naturales. Añade agua a cualquier alimento y obtendrás diferentes tonalidades.

▶ Retrato al estilo barroco

Material: bandeja y papel de pastelería, témperas, pinceles y cola blanca.

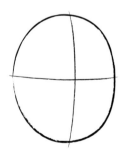

¿Te atreverías a dibujar un retrato? Inténtalo a partir de un círculo dividido en 4 partes. Sitúa la nariz donde se cruzan los dos ejes, que a la vez te ayudarán a conseguir la simetría del rostro.

Una vez que empieces a pintar y a mezclar los colores, recuerda que el blanco suaviza el tono y el amarillo da luz. Finalmente, puedes decorar con papel de pastel el cuello o los márgenes del cuadro.

APRENDE

AHORA QUE CONOCES MI VIDA Y MI OBRA...
¿TE ATREVES A RESOLVER ESTOS JUEGOS VISUALES?

▶ ¿QUIÉNES SON?

Todos estos personajes aparecen en alguno de mis cuadros. ¿Recuerdas sus nombres?

▶ FÍJATE EN LOS DETALLES

¿Sabrías relacionar cada uno de estos detalles al cuadro que le corresponde?

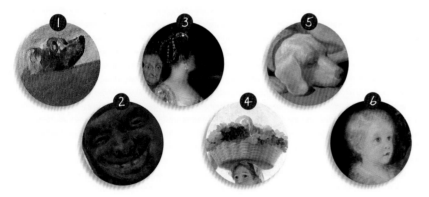

○ Carlos III en traje de cazador
○ La vendimia
○ Los Duques de Osuna
○ La familia de Carlos IV
○ El entierro de la sardina
○ Perro semihundido

▶ ¿CUÁL ES EL VERDADERO?

Encuentra las cinco diferencias y dime cuál de los dos es el auténtico cuadro.

33

"LA FANTASÍA, AISLADA DE LA RAZÓN, SÓLO PRODUCE MONSTRUOS IMPOSIBLES. UNIDA A ELLA, EN CAMBIO, ES LA MADRE DEL ARTE Y FUENTE DE SUS DESEOS."

Francisco de Goya

El 16 de abril de 1828 Francisco de Goya muere en Burdeos, al lado de su nuera y su nieto Mariano. Desde 1919 sus restos descansan en la ermita de San Antonio de la Florida, en Madrid, convertida desde entonces en su panteón y museo.

Trabajador, persistente, honesto, apasionado, obstinado... así era Goya. Nacido en un ambiente pobre y rodeado de una sociedad decadente, fue capaz de superar obstáculos y enfermedades llegando a lo más alto en su profesión. Testigo de su tiempo y cronista de su época, es considerado uno de los grandes maestros de la pintura universal.

Fue un pintor revolucionario, capaz de mostrarnos tanto la alegría de las fiestas populares como los desastres de la guerra. Se desvinculó de los estilos propios de la época y creó su propio mundo, un mundo lleno de expresividad y originalidad que le dieron a su obra un carácter inconfundible.

Se dice que hay un antes y un después de Goya. Su obra es precursora de estilos como el Romanticismo, el Expresionismo, el Impresionismo e incluso el Surrealismo. Su arte supone el inicio de la pintura contemporánea.

Fue sin duda un genio universal, dotado de una vitalidad sobrehumana que no le abandonó nunca. Viejo y a punto de morir, su lema era: "Aún aprendo".